Die Geschichte von der kleinen Robbe

Ausgedacht und gemalt von Elisabeth Zink-Pingel
Erzählt von Dina Matthis

Die Sonne scheint.
Es ist ein schöner Sommertag,
und die Robbenherde
liegt in der warmen Mittagsonne.

Die kleine Robbe will spielen.
Aber die Krabbe hockt nur müde auf dem Stein und klappert mit den Scheren.

Doch dann taucht ein kleiner Seehund am Strand auf.

Die kleine Robbe bestaunt neugierig seinen Fang.
Ob man damit wohl spielen kann?
Dem kleinen Seehund gefällt das Spiel gar nicht.
Er will seinen Fisch behalten.

Sie kämpfen um den Fisch.
Der kleine Seehund ist stärker.
Aber den Fisch kriegt er trotzdem nicht wieder.
Der fliegt im hohen Bogen auf einen Felsen.

Dort bleibt er liegen. Die beiden Streithähne robben um die Wette und purzeln kopfüber ins Wasser.

Die freche Robbe schwimmt davon.
Da gibt's nur eins:
Sofort hinterher!
Jetzt zeig ich's dir!
Pfeilschnell jagen sie durchs Wasser ...

Der kleine Seehund erschrickt. Er muss der Robbe helfen.
Also beißt er sich am Netz fest, zerrt und nagt an den Maschen –
aber es zerreißt nicht.

Vor Angst fiepst die kleine Robbe und verfängt sich immer tiefer im Netz.
Dann endlich reißen die Maschen:
Fische in allen Farben schwärmen zurück ins offene Meer;
auch die kleine Robbe schwimmt
aus dem zerfetzten Netz heraus.

Gerettet!
Übermütig balgen sich die beiden im Wasser.
Aber jetzt schnell noch ein paar Fische jagen,
bevor das Netz ganz leer ist.
Und zusammen fangen sie so viele Fische,
wie sie können.

Die beiden Freunde
schwimmen zurück zur Insel.
Es ist spät geworden.
Die Seehunde warten ungeduldig.
Sie brüllen schon zum Aufbruch,
denn noch heute Abend
wollen sie weiterziehen.

Die kleine Robbe ist traurig.
Schade, dass ihr neuer Freund nicht bleiben kann.
Aber vielleicht werden sie sich wiedersehen.

Gute Nacht, kleine Robbe.

Die Geschichte von der kleinen Robbe
Unipart bei area
Copyright © by Herder GmbH, Freiburg
Lizenzausgabe für area verlag gmbh, Erftstadt
Alle Rechte vorbehalten
Einbandgestaltung: Bille Fuchs, Köln
Einbandabbildungen sowie Abbildungen im Werk: Elisabeth Zink-Pingel
Text: Dina Matthis

Printed in China 2005

ISBN 3-89996-471-3

www.area-verlag.de